Von Schusselbären, fliegenden Schweinen und singenden See-Elefanten

Meine liebsten Bilderbuchgeschichten

Thienemann

Inhalt

Dr. Brumm steckt fest

Du bist ein echtes Wundertier

Ein kleines Krokodil
mit ziemlich viel Gefühl

Urmel und die Schweinefee

Es fährt ein Boot
nach Schangrila

Daniel Napp

DR. BRUMM
STECKT FEST

Dr. Brumm macht das,
was er jeden Sonntag macht ...

... Honig essen.

Als das große Glas leer ist, brummt
es in Dr. Brumms Magen immer noch.
Zum Glück steht noch ein Honigglas oben
auf dem Regal. Aber Dr. Brumm hat
vergessen, dass er Pottwal gestern
auf dem Regal abgestellt hat.

Und erwischt SCHWAPP und SCHWUPP
das falsche Glas.
»Tonnerwetter!«, sagt Dr. Brumm.

Das Goldfischglas steckt fest auf seinem Kopf.
»Potz Blitz!«, blubbert Pottwal.
Wie soll Dr. Brumm das Glas vom Kopf
bekommen, ohne Pottwal auf den Boden
zu kippen?
Als Dr. Brumm an dem Glas ziehen will,
zischt Pottwal wie verrückt umher und
blubbert um Hilfe.

Von Pottwals Geblubber und dem
Gezappel wird es Dr. Brumm
ganz schwindlig ...

KRACK!

Jetzt steckt Dr. Brumm im Goldfischglas
und in der Gießkanne.
Aber Pottwal weiß genau, wie man aus
einer Gießkanne wieder rauskommt.
»Du musst dich aus der Kanne raus-
gießen«, blubbert Pottwal.

Das kennt Dr. Brumm
vom Blumengießen.
Doch als er die Kanne
nach vorne kippt,
stolpert er und landet

PONG!

mit der Hand im Milchtopf.

Jetzt steckt Dr. Brumm im Goldfischglas,
in der Gießkanne und im Milchtopf.
Aber Pottwal weiß genau, wie man aus
einem Milchtopf wieder rauskommt.
»Du musst dich aus dem Topf rauskochen«,
blubbert Pottwal. »So wie gestern deine Milch.«
Dr. Brumm schaltet den Herd an und wartet.
Doch die Hand kommt nicht heraus.
Dafür wird der Topf heiß ...

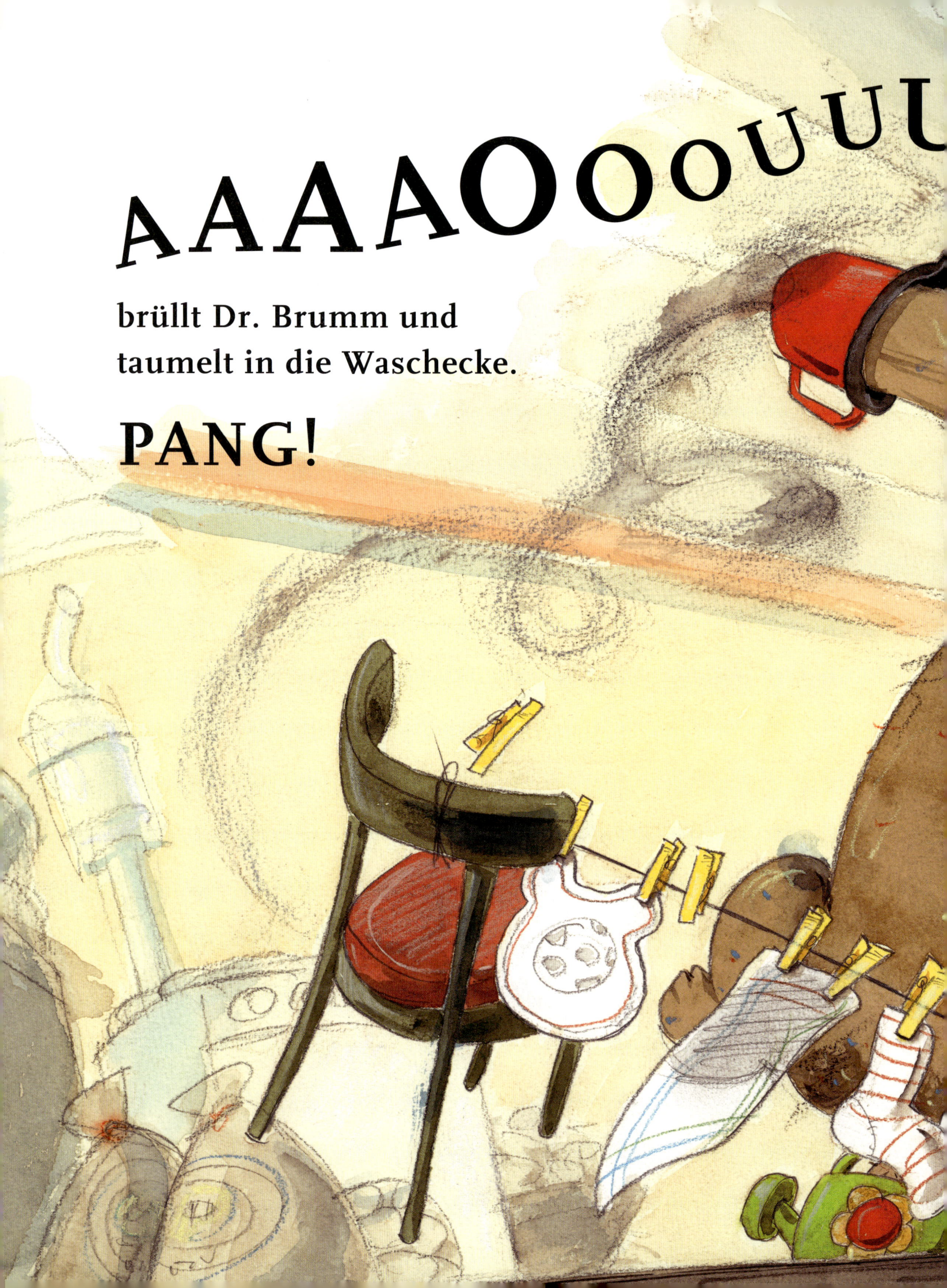

AAAAOooUUU

brüllt Dr. Brumm und
taumelt in die Waschecke.

PANG!

Jetzt steckt Dr. Brumm im Goldfischglas, in der Gießkanne, im Milchtopf und im Wäschekorb.
»Mit Seife geht alles runter«, blubbert Pottwal.
»Der Wäschekorb bestimmt auch.«
Dr. Brumm holt ein Stück Seife, setzt die Mütze auf und fährt mit Pottwal runter zum Fluss.

Am Fluss seift sich Dr. Brumm
gründlich ein. Dann zieht er am Wäschekorb –
und tritt dabei auf die Seife ...

PLATSCH!

Jetzt steckt Dr. Brumm im Goldfischglas,
in der Gießkanne, im Milchtopf,
im Wäschekorb und rauscht
den Fluss hinunter.

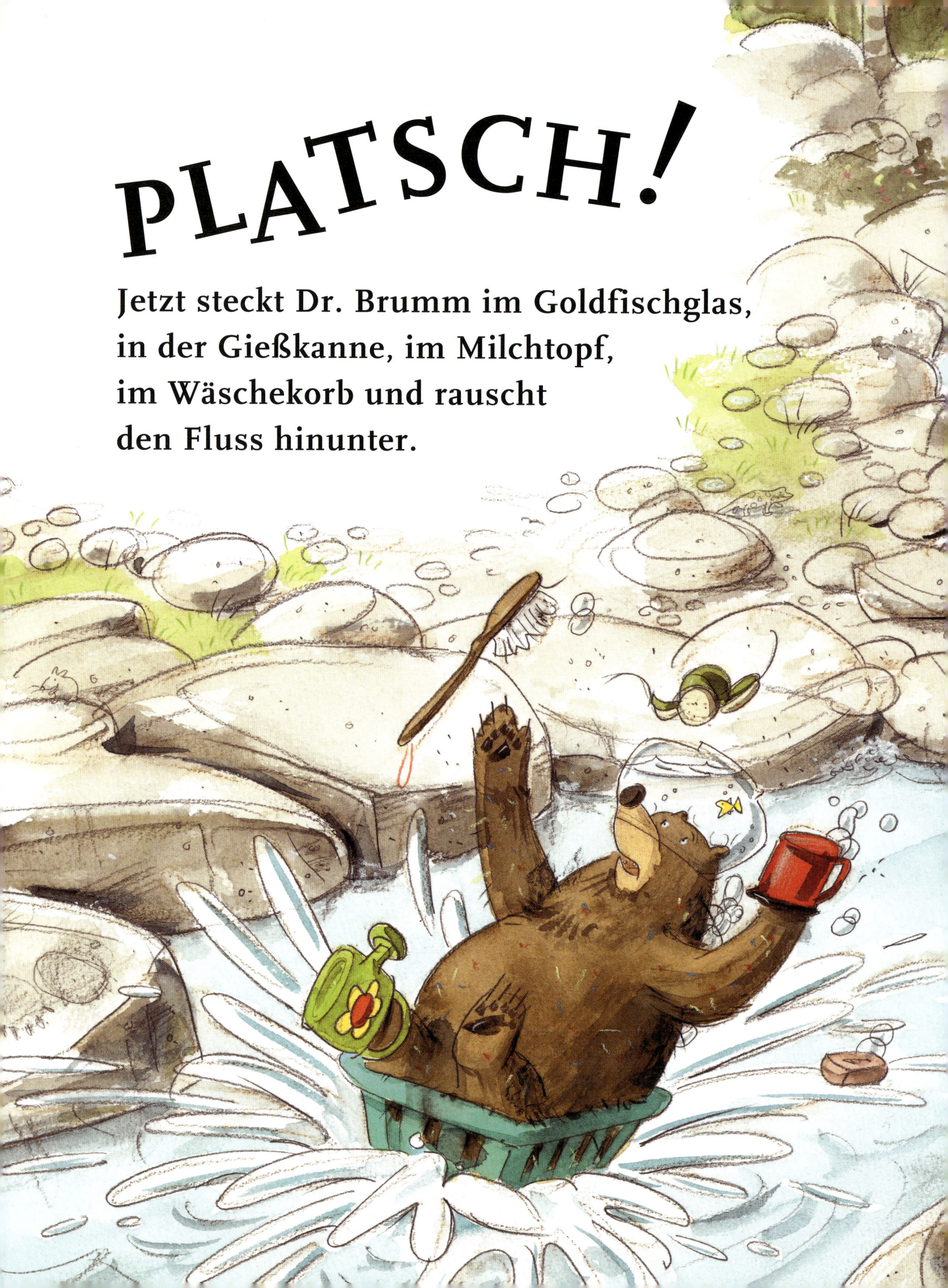

ZWOSCH DI PLAUTZ!

Als Dr. Brumm und Pottwal wieder auftauchen,
sind die Gießkanne, der Milchtopf und der
Wäschekorb ab.
Nur das Goldfischglas steckt
immer noch fest auf
Dr. Brumms Kopf.
»Jetzt müssen wir für
immer zusammen wohnen«,
blubbert Pottwal.
»Und in einem Bett schlafen«,
brummt Dr. Brumm.
Hoffentlich schnarcht
Pottwal nicht!

Zu Hause gibt es schon den ersten Streit.
Dr. Brumm will schlafen, aber Pottwal möchte
noch fernsehen.
Außerdem meckert Pottwal, weil er sich wegen
Dr. Brumm einen Schnupfen geholt hat.
»Ha ... Ha ...

HATSCHZZZ!«

niest Pottwal. »Das ist alles deine Schuld!«
Und Dr. Brumm ist sauer, weil Pottwal ihn
bestimmt anstecken wird.
Da kitzelt es Dr. Brumm auch schon in der
Nase:
»Ha ... Ha ...

HA

TSCHZZZ!

PLATSCH!

Jetzt steckt Pottwal im Honigglas. Und das Goldfischglas
auf Dr. Brumms Kopf ist
verschwunden.

»Scherben bringen Glück«, sagt Dr. Brumm.
Das findet Pottwal auch, der endlich wieder
ein Glas für sich alleine hat.
»Obwohl das Wasser nach Honig schmeckt«,
blubbert Pottwal.
Da erinnert sich Dr. Brumm, dass sein Honig-
glas immer noch oben auf dem Regal steht.
Doch für heute hat er erst mal genug von Honig
und von Gläsern.
»Egal«, sagt Dr. Brumm, denn der nächste
Sonntag kommt bestimmt.

Du bist ein echtes Wundertier

Erzählt von Jeanette Randerath
Mit Bildern von Günther Jakobs

Der Seehund und das Deichschaf strolchten am Strand entlang,
als das Meer ein Stück Treibholz anspülte.
Darauf lag ein kleiner Vogel mit herunterhängenden Flügeln.
»Oh, guck mal«, sagte der Seehund und hob das Holzstück auf.
»Der kleine Vogel ist ertrunken.«
Der Kleine plinkerte kurz mit einem Auge.
»Hast du gesehen?«, wisperte das Deichschaf aufgeregt.
»Er lebt!«

»Es ist eine Trottellumme«, stellte der Einsiedlerkrebs fest, als er den kleinen Vogel untersuchte. »Zum Glück hat sie sich nichts gebrochen. Sie ist nur total erschöpft. Erst mal muss sie sich richtig ausschlafen und dann was Ordentliches zu fressen bekommen.«

»Bin schon unterwegs, haha«, rief die Lachmöwe,
die den letzten Satz aufgeschnappt hatte,
und schwang sich in die Lüfte.

Alle hatten die kleine Trottellumme sehr lieb.
Sie durfte auf dem Bauch des Seehunds schlafen.
Die Möwe fütterte sie. Das Deichschaf sang ihr was vor
und der Krebs passte auf sie auf.

Langsam erholte sich die kleine Trottellumme.
Später, verabredeten die anderen Tiere, sollte ihr
jeder das beibringen, was er am besten konnte.

»Ich könnte ihr zeigen, wie man heult«, schlug der Seehund vor,
als die kleine Trottellumme wieder gesund war.
Die anderen waren einverstanden. So schön heulen,
dass es einem durch Mark und Bein ging,
das konnte nur der Seehund.
Der Seehund setzte sich vor die kleine Trottellumme.
»Guck genau zu«, sagte er. »Du hältst den Kopf hoch und
machst ›huuuhuuuu‹. Siehst du? Jetzt bist du dran.«
Die kleine Trottellumme schaute den Seehund freundlich an,
machte aber keinen Mucks.

Der Seehund übte den ganzen Morgen mit ihr.
Am Ende war er heiser und hatte sich auch noch verschluckt.
Die kleine Trottellumme musste so lachen,
dass auch der Seehund aufhörte zu heulen.
»Wir üben weiter, hicks, wenn mal wirklich
was Trauriges passiert«, sagte der Seehund.
Er nahm die kleine Trottellumme auf den Rücken,
sprang mit einem Riesenplatscher ins Wasser
und tauchte mit ihr zur Sandbank.
Während er auf der Sandbank schlief,
sprang die kleine Trottellumme ins Wasser
und tauchte zu den Muscheln hinunter.
Dabei schlug sie einen Purzelbaum.
Sie konnte tauchen.

»Ich könnte der kleinen Trottellumme das Schreiben beibringen«,
sagte der Krebs am nächsten Morgen.
Die anderen waren einverstanden.
So schön schreiben, dass man seinen Augen
kaum traute, das konnte nur der Einsiedlerkrebs.
»Die kleine Trottellumme lernt schreiben«,
schrieb der Krebs mit seiner schönsten Schrift.
Die kleine Trottellumme patschte über die Schrift
und stolperte über ihre Füße.
»Nicht picken, schreiben«, erklärte der Einsiedlerkrebs.
»Picken«, sagte die kleine Trottellumme so leise,
dass der Krebs es nicht hören konnte.

Am Abend war der Einsiedlerkrebs ein bisschen enttäuscht.
»Ich glaube, sie hat eine Schönschreibschwäche«, sagte er.
»Schönschreibschwäche«, sagte die kleine Trottellumme laut,
als die anderen eingeschlafen waren.
Das war ein besonders schwieriges Wort.
Zufrieden gähnte sie. Sie konnte sprechen.

»Ich könnte ihr beibringen, wie man den Krebs ärgert«,
schlug die Lachmöwe vor. »Das kann ich am besten und es macht Spaß.«
Der Krebs wurde rot vor Ärger und der Seehund und das Deichschaf
schimpften mit der Möwe. »Wenn du ihr nichts Wichtiges
beibringst, dann kannst du gleich abrauschen.«
»Na gut«, sagte die Möwe. »Ich bring ihr bei, wie man etwas aufschnappt.«
»Einverstanden«, sagten die anderen Tiere.
Eine ganze Stunde lang warf die Lachmöwe der kleinen
Trottellumme Steinchen und Holzstücke zu.

Die Möwe gab sich wirklich Mühe.
Doch statt sie aufzufangen, flatterte die kleine Trottellumme
immer hoch, um nicht getroffen zu werden.
»Lass uns eine Pause machen«, schlug die Lachmöwe vor. Während
sie ein Nickerchen im Sand machte, flog die kleine Trottellumme
auf einen Aussichtspfahl im Meer. Dort breitete sie ihre Flügel aus
und ließ den Meerwind darin sausen. Sie konnte fliegen.

»Ich könnte ihr beibringen, wie man rechnet«,
schlug das Deichschaf vor. Die anderen Tiere waren einverstanden.
Keiner war so schlau wie das Deichschaf. Das Deichschaf rechnete
der kleinen Trottellumme mit Muscheln vor, wie viel
1 plus 1 und 2 mal 3 ist. Es zählte die heranfliegenden Vögel
zusammen und zog die wegfliegenden wieder ab,
zeigte aufs Meer und zählte die Schiffe.
Auf dem Rückweg durch die Dünen fragte es:
»Wie viele Streifen hat der Leuchtturm?«

Die Trottellumme stolperte über ihre kleinen Füße
und guckte das Deichschaf erwartungsvoll an.
»Du hast es immer noch nicht kapiert«, sagte das Deichschaf.
»Du bist wohl noch zu klein.«
Das Deichschaf war so erschöpft vom Rechnen,
dass es im Stehen einschlief. Die kleine Trottellumme
baute mit Muscheln einen Leuchtturm.
»Das sieht schön aus!«, sagte sie, als sie fertig war.
Doch bevor das Deichschaf aufwachte, hatte
die Flut das Bild wieder weggespült.

In der folgenden Nacht kam eine schreckliche Sturmflut auf,
die alles, was nicht niet- und nagelfest war, durch die Luft schleuderte.
Der Seehund dachte: Wie gut, dass die kleine Trottellumme
heute Nacht in der Höhle vom Einsiedlerkrebs schläft.
Der Krebs dachte: Wie gut, dass die kleine Trottellumme
heute Nacht mit den Deichschafen geschützt
hinter dem Deich sitzt.

Am nächsten Morgen aber, als sich der Sturm wieder gelegt hatte

und die Freunde sich trafen, war die kleine Trottellumme nicht dabei.

Sie war verschwunden. Die Freunde suchten überall nach ihr.

Auf allen Sandbänken und in allen Strandhöhlen.

Auf allen Felsen hoch über dem Meer. Und auf dem Meeresgrund.

Doch die kleine Trottellumme blieb verschollen.

»Unsere kleine Trottellumme«, heulte der Seehund. »Vielleicht ist sie ertrunken. Sie konnte ja noch nicht schwimmen. Huhuuuhu.«

»Sie war so ein besonderes Tier.« Der Krebs wischte sich eine Träne aus dem Auge. »Wenn sie wenigstens sprechen würde, dann könnte sie jetzt nach dem Heimweg fragen.«

»Na gut«, krächzte die Lachmöwe. »Die kleine Trottellumme war keine Super-Aufschnapperin, aber wenn sie wenigstens fliegen könnte, dann hätte der Sturm sie nicht fortgeweht.«

»Sie weiß noch gar nicht, wie schön die Welt ist«, schniefte das Deichschaf. »Wie viel Freude es macht, eine schwierige Rechen-aufgabe zu lösen oder einen unerforschten Weg zu entdecken.«

»Wisst ihr noch, wie süß es ausgesehen hat, wenn sie über ihre kleinen Füße gestolpert ist?«, heulte der Seehund.

»Ja, ja, ja«, heulten die anderen Tiere.

Da sahen sie auf einmal, wie aus der Ferne etwas auf sie zu stolperte.
Es war die kleine Trottellumme. Die vier jubelten vor Freude.
»Wo kommst du denn her? Wo bist du gewesen? Was ist passiert?«,
fragten alle durcheinander.
»Zuerst hat mich der Sturm in die Luft gerissen«, erzählte die kleine
Trottellumme erschöpft. »Dann bin ich zu einer Sandbank geflogen.
Dort hat mich eine große Welle ins Meer geschleudert und ich bin
an den Strand getaucht. Da hab ich eine nette Wasserschildkröte
nach dem Weg zum Leuchtturm gefragt.«
»Aber woher kannst du denn fliegen, tauchen, sprechen und
den Weg zum Leuchtturm finden?«, fragten sie verblüfft.
»Na, von euch natürlich!«, sagte die kleine Trottellumme.
»Unsere kleine Trottellumme ist ein echtes Wundertier!«,
sagte der Seehund stolz und die anderen nickten glücklich.

Daniela Kulot

Ein kleines Krokodil mit ziemlich viel Gefühl

Seit Tagen läuft Krokodil ruhelos umher.

Mal ist ihm kalt,

mal ist ihm heiß,

mal ist er zu Tode betrübt,

mal könnte er vor Glück die ganze Welt umarmen.

Klarer Fall: Krokodil ist verliebt.

Aber wie das fast immer so ist, wenn man verliebt ist,
gibt es da ein kleines Problem.

Diejenige, in die er verliebt ist,
ist nämlich Giraffe.

Und Giraffe ist sehr, sehr groß.

Das allein hätte Krokodil ja gar nicht gestört.

Aber als er Giraffe neulich sein allerschönstes Lächeln

schenken wollte, sah sie ihn nicht einmal.

»Ich müsste größer sein«, überlegte Krokodil.

»Wenn ich auf Stelzen gehe,

sieht sie mich bestimmt.«

Doch ausgerechnet an diesem Tag war Giraffe mit
dem Fahrrad unterwegs. Und Krokodils allerschönstes
Lächeln blieb ganz und gar ungesehen.

»Ich werde hoch oben auf der Brücke Kunststückchen machen«,
dachte Krokodil. »Dann beachtet sie mich ganz bestimmt.«

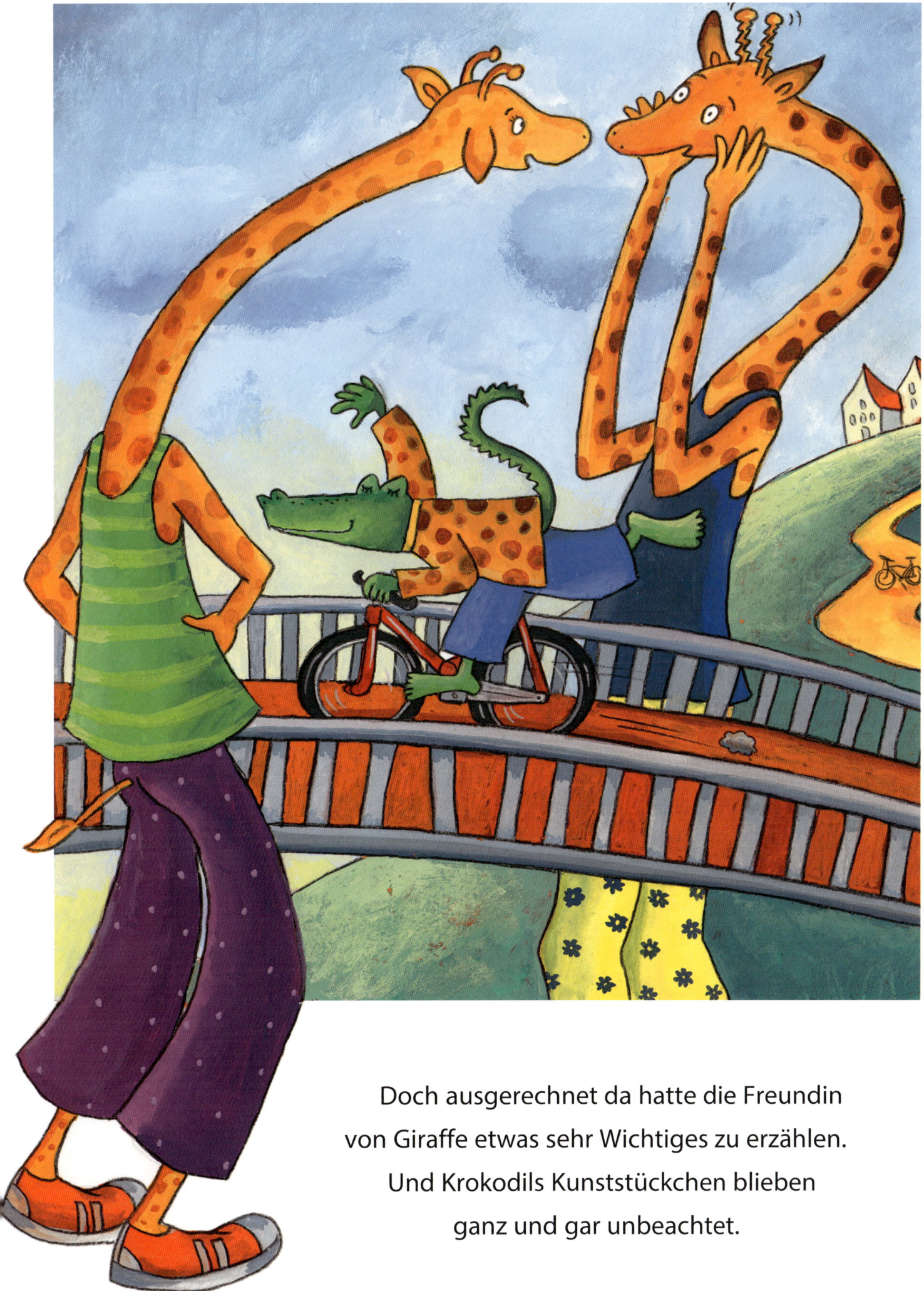

Doch ausgerechnet da hatte die Freundin
von Giraffe etwas sehr Wichtiges zu erzählen.
Und Krokodils Kunststückchen blieben
ganz und gar unbeachtet.

»Ich werde auf ihren Lieblingsbaum klettern und ihr
von dort aus ein paar Blätter zum Essen reichen«, überlegte
Krokodil und kaufte, um auch alles richtig zu machen,
noch ein paar ganz besonders feine Blättchen dazu.

Doch ausgerechnet an diesem Tag hatte Giraffe
schlimmes Halsweh. Sie hatte einen Knoten im Hals und gar
keinen Appetit. Sie kaufte sich Gurgelwasser und schenkte ihrem
Lieblingsbaum, und damit auch Krokodil, keinen einzigen Blick.

Aber Krokodil gab nicht auf.
»Ich werde ihr ein Liebeslied spielen,
dann schaut sie ganz bestimmt zur Tür herein.«
Doch ausgerechnet an diesem Tag hörte Giraffe

ihre eigene Musik und das Liebeslied
von Krokodil blieb völlig ungehört.
»Ich hab's!«, dachte Krokodil.

»Ich werde ihren Kopf mit dem Lasso einfangen und
nach unten ziehen. Dann muss sie mich ja sehen.«

Doch als Krokodil das tat, erschrak Giraffe so sehr,

dass sie den Kopf ruckartig wieder nach oben zog

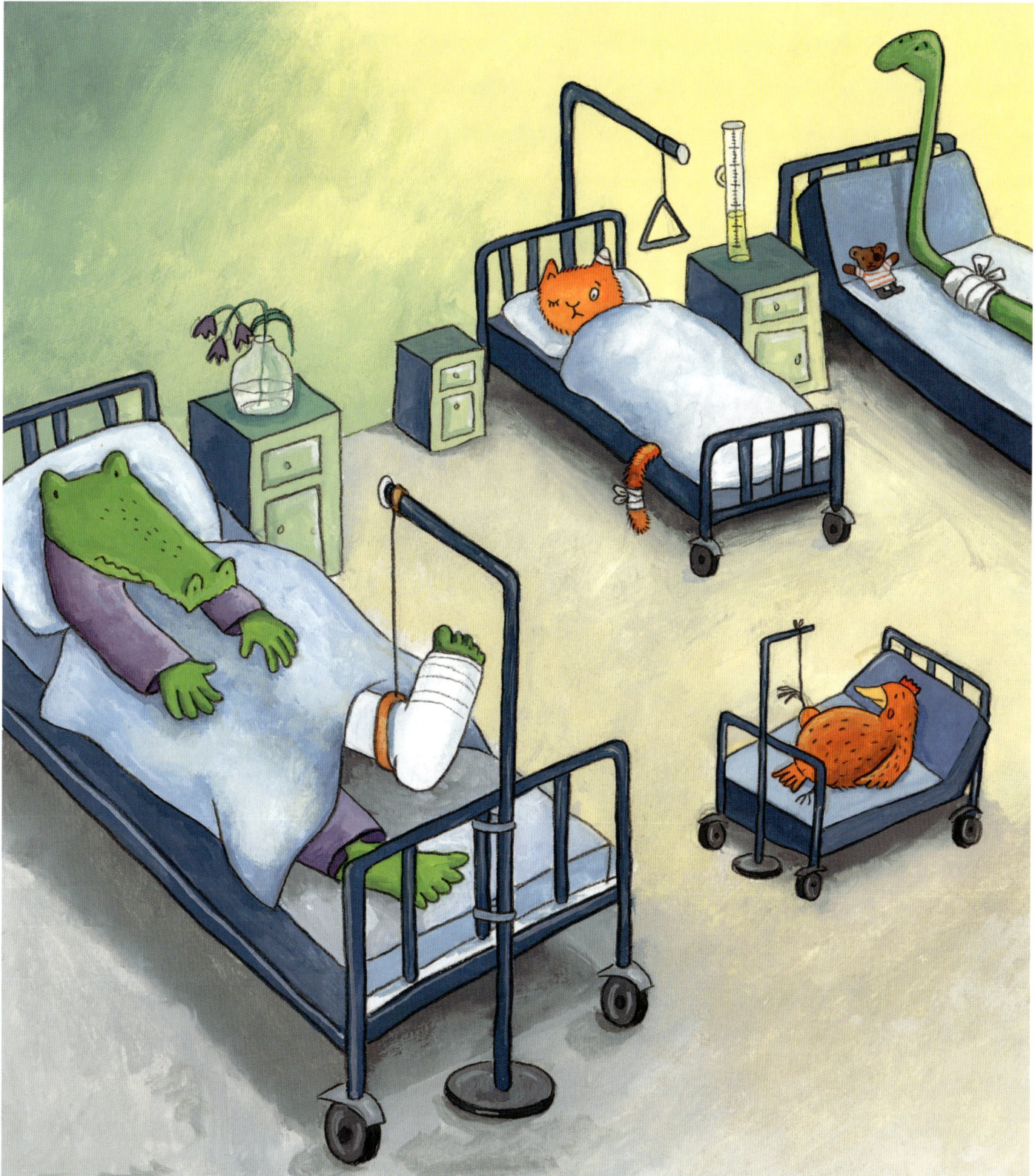

und Krokodil damit ins Krankenhaus beförderte.

Und als er aus dem Krankenhaus wieder einigermaßen heil
herausgekommen war, hatte er alle Hoffnung aufgegeben.
Niemals würde er Giraffe sein allerschönstes Lächeln schenken können.
Traurig ging er nach Hause.

Doch plötzlich machte es bumms, knall, rumms

und Krokodil fiel zu Boden.

Und als er wieder zu sich kam, sah er Giraffe vor sich liegen.

»En..., Entsch..., Entschuldigung!«, sagte Giraffe.

»Ich habe dich völlig übersehen.«

Da saßen sie nun mit einer Menge Sternchen um den Kopf.
Und als sie sich gegenseitig ansahen, mussten sie so lachen,
dass es beiden ganz warm ums Herz wurde.

Da sagte Krokodil: »Was für ein Glück,
dass du mich übersehen hast!«

»Ja«, sagte Giraffe, »sonst hätte ich niemals
dein wunderschönes Lächeln gesehen.«

Urmel

und die Schweinefee

Erzählt von Max Kruse
Mit Bildern von Günther Jakobs
nach Motiven von Erich Hölle

Wunderschön war Titiwu!
Hier forschte Professor Habakuk Tibatong.
Hier bügelte ihm Wutz seine Hemden.
Hier wollten Wawa und Ping Pinguin wissen,
ob Flöhe wirklich husten können.
Hier hielt Tim Tintenklecks die Angel
ins Meer und hoffte, dass kein Fisch anbiss.
Und hier schleckte das Urmel Kokosnusseis.
Viel zu viel Kokosnusseis.

»Ach«, maunzte das Urmel.

»Natürlich können Flöhe husten!

Ich spür's ganz doll in meinem Bauch! O weh!«

»Nicht doch, du Dummerle, öff«, grunzte Wutz.

»Das ist nur eine Redensart!

Du hast Bauchweh, weil du zu viel Eis gegessen hast.

Warte! Ich bring dir eine Wärmflasche …«

»Bäh! Mir ist schon heiß genug!«

»Gut, dann kriegst du Kamillentee.

Es gibt sowieso nichts Besseres gegen Bauchweh, öff!

Gleich fühlst du dich wieder wohl!«

»Nein! Keinen Kamillentee!

Erzähl mir lieber eine Geschichte!«

»Na schön, du Urmelquälgeist,
also eine Geschichte vom Kamillentee, öff!«
»Nein, eine Geschichte von der Schweinefee!«
»Von der Schweinefee? – Hm. Vielleicht:
Die Schweinefee und der Ritter, öff …?«
»Ja, und der Ritter bin ich! Haha!«
»Meinetwegen! Also: Es war einmal ein Ritter …«
»Es war einmal ein Ritter Urmel …«

»… ein Ritter Urmel von der lustigen Gestalt.

Der wollte eine kleine Urmelprinzessin befreien.

Die Urmelprinzessin wurde in einem weißen Schloss gefangen gehalten.

Das hieß Schloss Urmelstein. Um dorthin zu kommen, musste

der Urmelritter einen finsteren Wald von Kokosnussbäumen

durchqueren. Das aber wollte ein Ungeheuer verhindern.

›Wage es nicht, den Wald zu betreten, Urmelritter!‹,

grölte das Ungeheuer. ›Sonst wird es dir schlecht ergehen!‹

›Ich fürchte mich nicht!‹, brüllte der Urmelritter zurück.

›Du wirst gleich erfahren, dass es nichts Größeres,

Stärkeres, Tapfereres, Tolleres als mich Urmelritter gibt!‹

›Hoho!‹, schallte es aus dem Wald. Und: Bums! Patsch!! Peng!!!,

prasselten eisenharte Kokosnusskugeln auf den Urmelritter hernieder.

Und damit nicht genug! Tapp! Schnauf! Tapp! Schnauf! Tapp! Schnauf!, tappte und schnaufte es näher und näher!

Oje!
Schon streckte das Kokosnusswald-Ungeheuer seine Arme nach dem Urmelritter aus! Seine dicken, schweren Hände, diese Pratzen, kamen ganz nah! Gleich schnappten sie zu!

Da war der Urmelritter in großer Not!

Nun konnte nur noch die Schweinefee helfen!

Wie gut, dass der Urmelritter ein so gutes Gedächtnis hatte.

Er erinnerte sich und rief laut: ›O Schweinefee,

du holde, erschein in deinem Golde, komm schnell

aus deinem Schilfe und schenk mir deine Hilfe!‹

Schon erschien die Schweinefee.

Sie war schön und mächtig!

Sie fragte mit ihrer lieblichen Stimme:

›Wer ruft nach mir, öff, öff? Was willst du, töff, töff?

O rede, blöff, blöff! Ich helf dir, knöff, knöff!‹

Peng! Eine Kokosnuss knallte gegen den goldenen Schild der Schweinefee.
Der Urmelritter duckte sich hinter ihren prächtigen Körper.

Doch die Schweinefee schwenkte ihren Zauberstab und schon
schwebte ein Topf mit tausendmal aufgekochtem und tausendmal
abgekühltem Kamillentee heran.
›Trinke das‹, befahl sie dem Urmelritter. ›So wirst du stark
wie drei Bären und unüberwindlich wie fünf Nashörner! Öff!‹

Der Urmelritter war klug.
Er trank den Kamillentee.
Und oohhh, war der gut!
Sofort durchströmten ihn
ungeahnte Kräfte.

Er hob eine Kokosnuss vom Boden auf und
schleuderte sie gegen das Ungeheuer. Peng!
Der Schuss traf!
Das Ungeheuer wankte und ergriff die Flucht.
Es ward nie mehr gesehen.

Da tanzten der Urmelritter und
die Schweinefee miteinander und sangen:

›O Schweinefee, du holde,
du kamst in deinem Golde,
öff, öff, aus dichtem Schilfe
und brachtest deine Hilfe!‹«

»Hurra! Hurra!«, rief der Urmelritter von der lustigen Gestalt.
»Ich habe gesiegt und die Geschichte ist aus!
Weil es nämlich gar keine Urmelprinzessin gibt!
Und deshalb auch gar keine befreit werden muss!
Denn ich bin das allereinzigste Urmel auf der ganzen Welt.«
»Da hast du recht, mein Liebling! Öff, öff.«

»Und außerdem bin ich jetzt wieder gesund und will Eis haben!«
»Nichts da! Öff, öff! Jetzt trinkst du deinen Kamillentee!«
»Nee, mag ich nicht. Kamillentee macht dumm!«
Doch genau in diesem Moment hörten sie den Professor
aus dem Blockhaus rufen: »Wu-hutz! Wo bist du? Bitte bring
mir frischen Kamillentee! Nichts hilft mir so gut beim Denken!«
»Siehst du, öff, öff!«, grunzte Wutz dem Urmel zu.
»Na, meinetwegen!«, antwortete das Urmel.
»So klug wie der Professor will ich auch werden!«

Als die Sonne unterging, saßen alle am Strand und schauten auf das Meer.
Dort sang Seele-Fant das traurige Lied vom Männlein, das im Walde stand:
»… ganz stöll ond stomm!«
Und – es ist nicht gelogen – das Meer sah aus wie Kamillentee
mit einem Klecks Aprikosenmarmelade darauf.

So wunderschön war Titiwu.

Es fährt ein Boot nach Schangrila

Gereimt von Lene März
Mit Bildern von Barbara Scholz

Es fährt ein Boot nach Schangrila,

seit vielen Jahren ist es da.

Von Pier 1 bis zu Pier 10,

Gäste kommen, Gästen geh'n.

An Pier 1 geh'n schnell aufs Boot
10 Zebras, eins davon mag Rot.

Gleich darauf an Pier 2
steigen 9 Giraffen bei.

An Pier 3, nicht wenig später,

lauern 8 Geparden-Väter.

Ein Specht als blinder Passagier

versteckt sich heimlich an Pier 4.

Derweilen 7 rote Krabben
einander an den Scheren packen.
Kribbel-krabbelnd steigt man ein,
zwackt hier und da ein Zebra-Bein.

4

An Pier 5 rutscht man zusammen
für 6 große Riesenschlangen.

6

An Pier 6 wird's dem Specht
leider dann vom Seegang schlecht,
weshalb sich 5 Koalabären
gleich beim Kapitän beschweren.

Nicht wenig später an Pier 7
tun 4 Affen, was sie lieben:
klettern, schaukeln, raufen, zanken.
Dabei kommt das Boot ins Schwanken.

Das währt kurz, denn an Pier 8
stoppt sofort der ganze Krach.
Denn mit ernsten, dunklen Mienen
steigen zu 3 Honigbienen.

8

Auf die sich 2 Tapire freu'n,
geduldig wartend an Pier 9.

9

1 Murmeltier an Pier 10

muss ganz nah am Schiffsrand steh'n.

Voll besetzt geht's rauf den Fluss,
keiner wollte geh'n zu Fuß.
Noch ein Pier, dann sind wir da,
mit dem Boot in Schangrila.

Daniel Napp, 1974 geboren, arbeitet als freier Illustrator in einer Ateliergemeinschaft in Münster. Seine Dr.-Brumm-Bilderbücher haben nicht nur Fans bei den kleinen, sondern auch bei vielen großen Lesern. 2015 wurde Daniel Napp mit dem „Heidelberger Leander" ausgezeichnet.

Daniela Kulot, geboren 1966, hat schon seit frühester Kindheit auf allem gemalt und gezeichnet, was ihr in die Finger kam. Sie studierte Gestaltung in Augsburg, wo sie auch heute noch lebt und arbeitet.

Jeanette Randerath, 1961 geboren, pirschte sich langsam an den Beruf der Schriftstellerin heran. Sie arbeitete zuerst als Lehrerin, dann als Kinderbuch-Lektorin und seit 2002 als Autorin und Übersetzerin. Sie lebt in Stuttgart und Metz.

Günther Jakobs, Jahrgang 1978, studierte Illustration in Münster und hat seitdem zahlreiche Bilder- und Kinderbücher für verschiedene Verlage illustriert. Er ist Münster treu geblieben und lebt dort mit seiner Familie.

Max Kruse wurde 1921 in Bad Kösen an der Saale geboren. Seine Mutter war die berühmte Puppenschöpferin Käthe Kruse. Da Max Kruse schon immer Schriftsteller werden wollte, übergab er die Firma seiner Mutter, die er wieder aufgebaut hatte, an seine Schwester und zog nach München, wo er als Werbetexter arbeitete, daneben aber auch schon erste Kinderbücher verfasste. Am bekanntesten und beliebtesten sind seine Werke rund um „das Urmel". Seine Bücher wurden in zahlreiche Sprachen übersetzt, ihre Gesamtauflage liegt bei über drei Millionen Exemplaren. Max Kruse ist Mitglied des P.E.N. und Träger des Bundesverdienstkreuzes.

Lene März, geboren 1968, wollte als kleines Mädchen vor allem Tänzerin werden. Später brachte sie ihrem Vogel das Sprechen bei, studierte mit ihm Italienisch und Betriebswirtschaftslehre und begann zu arbeiten: in der Fabrik, auf Messen, in Werbeagenturen und im Kleintierzoo. Heute lebt die Autorin mit ihrer Familie in Zürich.

Barbara Scholz, 1969 geboren, machte zunächst eine Ausbildung zur Druckvorlagenherstellerin. Anschließend studierte sie in Münster Grafikdesign mit dem Schwerpunkt Illustration. Seitdem arbeitet sie sehr erfolgreich als Illustratorin für verschiedene Verlage.

FSC
www.fsc.org
MIX
Papier aus verantwor-
tungsvollen Quellen
FSC® C002795

Von Schusselbären, fliegenden Schweinen und singenden See-Elefanten.
Meine liebsten Bilderbuchgeschichten

ISBN 978 3 522 43799 8

Einbandgestaltung: Michael Kimmerle, Günther Jakobs
Reproduktion: Digitalprint, Stuttgart
Druck und Bindung: Livonia Print, Riga

© dieses Sammelbandes 2015 Thienemann in der Thienemann-Esslinger Verlag GmbH, Stuttgart
Dr. Brumm steckt fest © 2005 Thienemann in der Thienemann-Esslinger Verlag GmbH, Stuttgart
Du bist ein echtes Wundertier © 2009 Thienemann in der Thienemann-Esslinger Verlag GmbH, Stuttgart
Ein kleines Krokodil mit ziemlich viel Gefühl © 1999 Thienemann in der Thienemann-Esslinger
Verlag GmbH, Stuttgart
Urmel und die Schweinefee © 2013 Thienemann in der Thienemann-Esslinger Verlag GmbH, Stuttgart
Es fährt ein Boot nach Schangrila © 2006 Thienemann in der Thienemann-Esslinger Verlag GmbH, Stuttgart